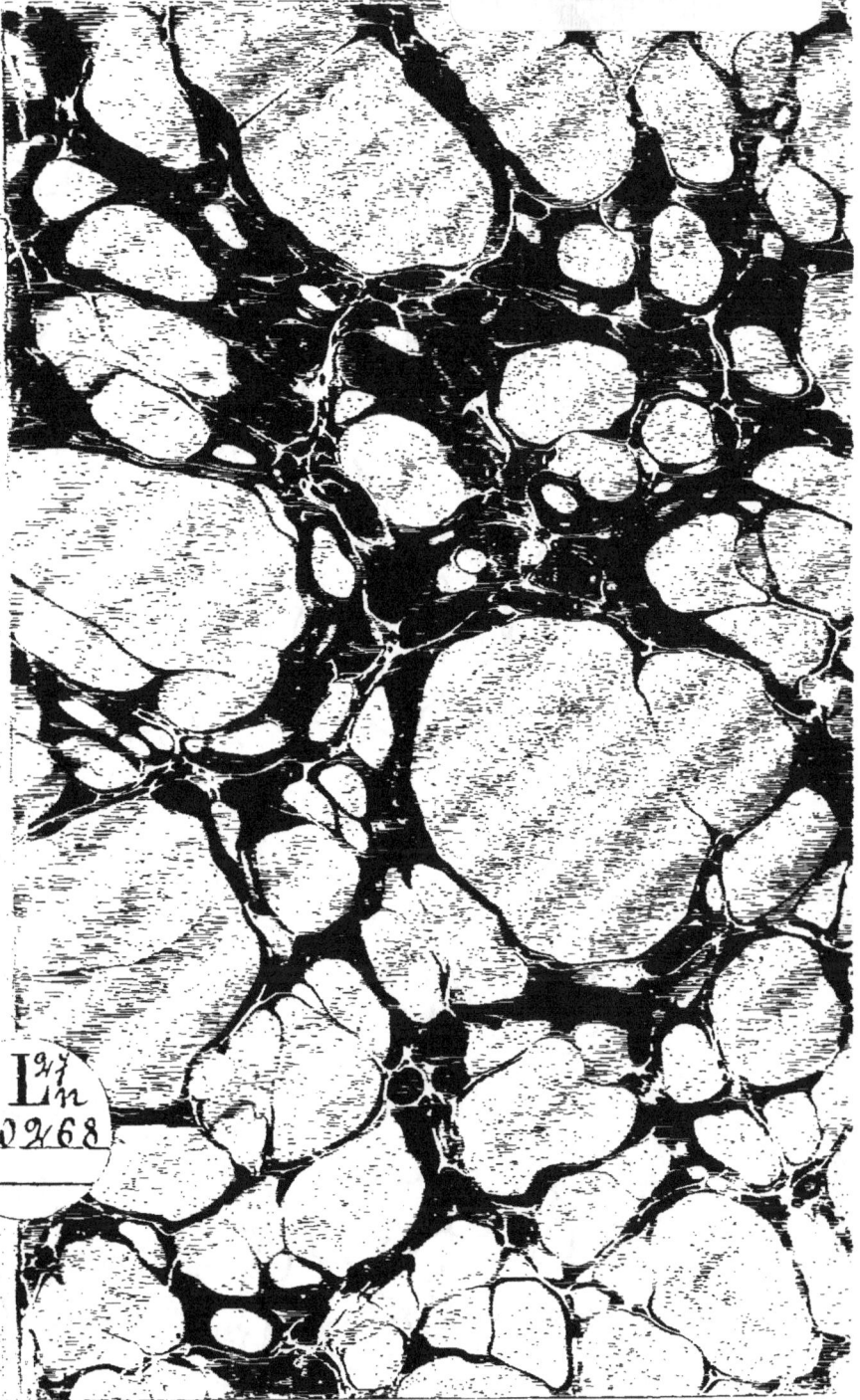

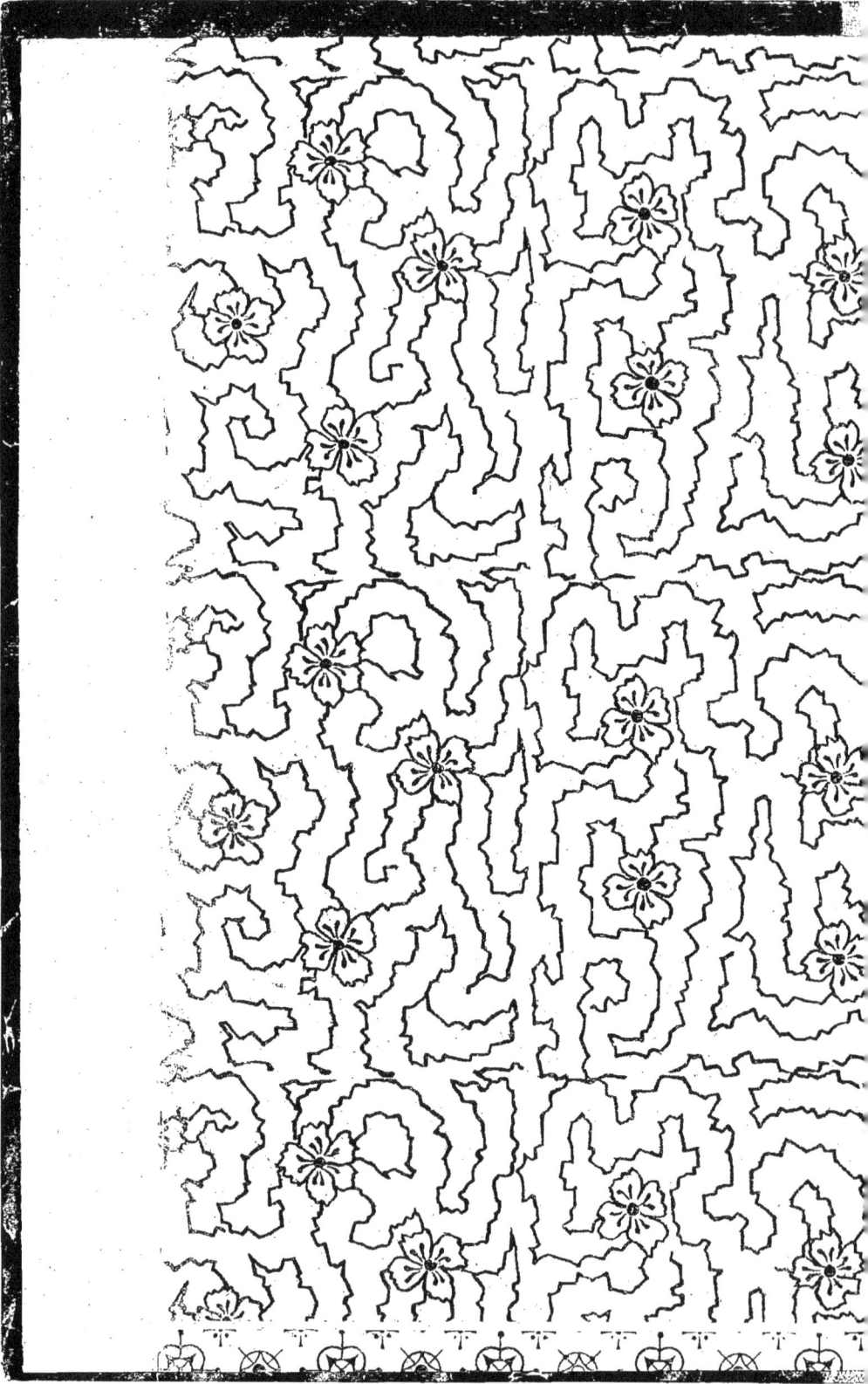

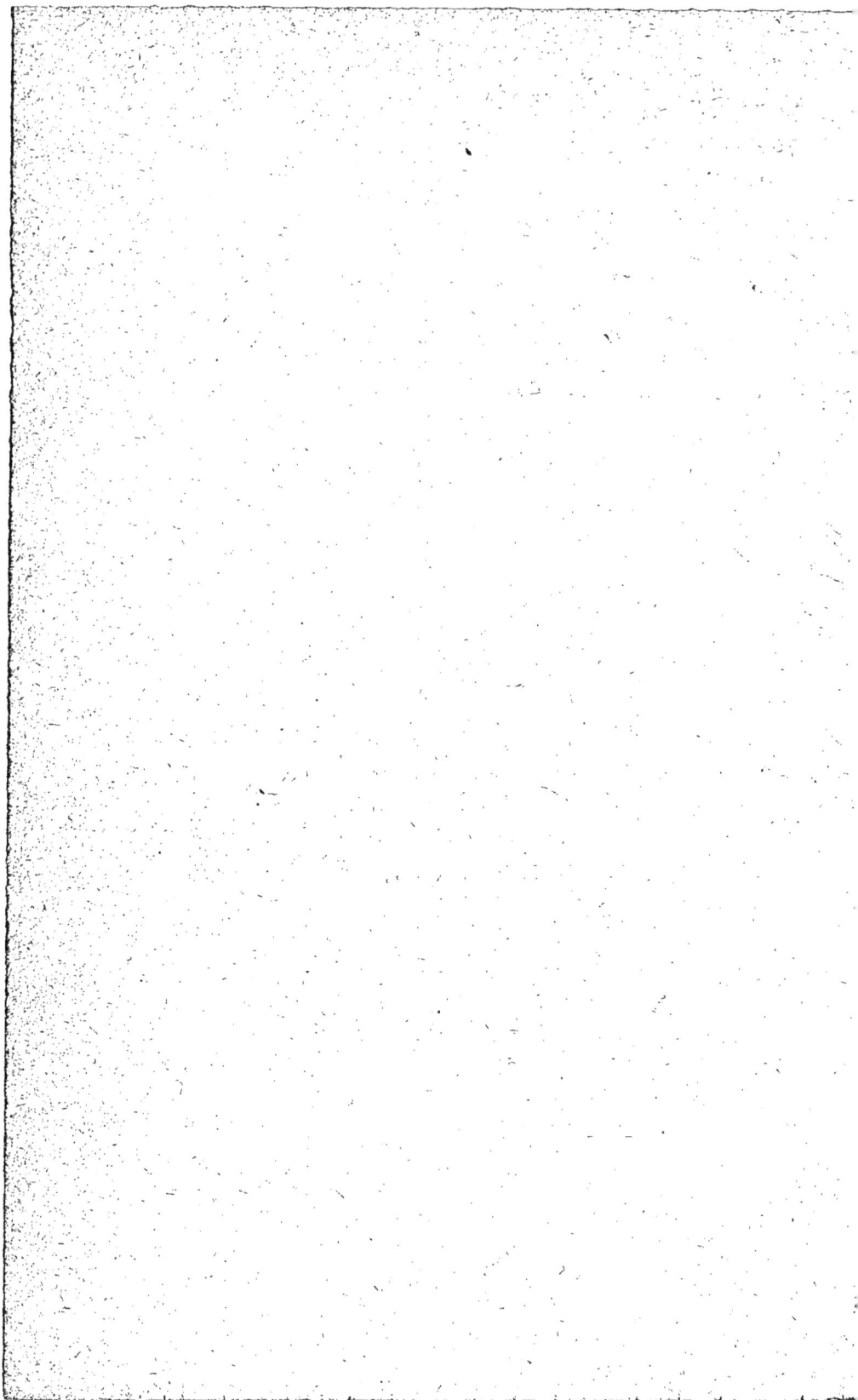

MARCEL ESCANDE

1878-1891

« *Je veux être parfait, petite mère,*
POUR VOUS FAIRE PLAISIR. »

(Lettre de Marcel.)

MARCEL ESCANDE

MARCEL ESCANDE

1878-1891

« *Je veux être parfait, petite mère,*
POUR VOUS FAIRE PLAISIR. »

(Lettre de Marcel.)

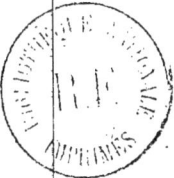

Marcel Escande est mort à l'âge de treize ans. Cette vie à peine éclose n'offre rien d'extraordinaire. Quelques traits fort simples d'une physionomie aimable, quelques souvenirs d'enfance, et c'est tout.

Aussi bien, ces pages sont-elles écrites pour consoler des parents, dont Marcel, fils unique, a emporté la joie dans sa tombe prématurément ouverte. Pour leur amour, tous les détails, si minimes soient-ils, auront de l'intérêt, et feront revivre, comme ils le désirent, la chère image de l'enfant disparu.

Ils le reconnaîtront bien à sa tendresse. Dans son existence si courte, elle explique, elle anime, elle colore tout. C'est le parfum de cette vie en fleur, parfum exquis. Qu'il s'exhale de cette notice, et qu'on l'y respire en sa fraîcheur, nos souhaits seront remplis.

E. DUBEDOUT, s. j.

PREMIÈRES ANNÉES

I

Marcel naquit, le 15 avril 1878, à Fumel, petite
ville de l'arrondissement de Villeneuve, au dépar-
tement de Lot-et-Garonne. Quelques jours plus
tard, le 3 mai, avec le baptême, il recevait les
noms de François-Laurent-Marcel. Dès lors, il
porta les livrées de Marie, bleu et blanc, couleurs
de N.-D. de Lourdes, la Vierge tant aimée de
Mme Escande. Après deux ans, il les quitta ; mais
son front et ses yeux en gardèrent comme un reflet
de grâce et de pureté.

Plus tard, Notre-Dame s'est souvenue de l'of-
frande ; elle a repris Marcel avant qu'il eût· cessé
de l'aimer.

Sur sa première enfance, nous empruntons quelques traits à une relation intime, œuvre d'un ami de la famille :

« De bonne heure, Marcel révéla une piété filiale qui devait s'épanouir de jour en jour. Il avait trois ans. Sa mère souffrante suivait un long traitement à Bordeaux. L'enfant réclamait sans cesse *petite mère*. On lui dit qu'elle était soignée dans une ville où il y avait beaucoup de médecins. Un jour, il voulut ajouter un post-scriptum à la correspondance habituelle qu'une parente dévouée envoyait à sa maman. Avec force pattes de mouche, il écrivit sa première lettre :

« Je veux me faire médecin pour guérir petite mère[1].
                                    « MARCEL. »

« En attendant, petite mère ne guérissait pas. Même, elle devint plus malade, si bien qu'il fallut partir pour Paris. Marcel manifesta un violent chagrin à l'annonce de ce départ imprévu, et sa tristesse dura jusqu'au retour. Mais, en revoyant sa mère, il éclate en transports de joie : « Com-« ment, vous marchez, maman ! oh ! que je suis

---

[1] Cet élan d'un bon petit cœur a inspiré des vers gracieux à Mᵐᵉ Marie-Thérèse Lapouyade. (V. Appendice, note A.)

« heureux ! mais marchez donc un peu devant
« moi. Il y a si longtemps que je ne vous ai vue !
« Depuis que vous étiez partie, je ne parlais que
« de vous. Que je suis heureux ! »

« Au moment de la prière, son esprit avait-il
de la peine à se recueillir, il suffisait de dire à
Marcel : « Marcel, il faut réciter cette dizaine de
« chapelet pour maman. » Aussitôt, on voyait ce
cher enfant joindre ses petites mains, baisser les
yeux et prier le plus dévotement du monde. »

Délicate et vive, sa tendresse avait encore toutes
les audaces. Un jour, Mgr l'Évêque d'Agen passait
à Fumel. Mme Escande traînait son martyre habi-
tuel de souffrances. Marcel, désolé de ce malheur,
cherchait un remède. Soudain, il sourit : son bon
cœur a trouvé. Sans trahir ses projets, notre petit
homme se fait accompagner au presbytère. On
l'accueille avec des caresses, on le présente à
l'Évêque. Et lui, alors, avec l'aplomb de sa naï-
veté, insinuant : « Monseigneur, dit-il, petite
mère est très-malade ; ayez la bonté de venir la
voir, vous la guérirez. »

« Il y avait tant de grâce sur ce gentil visage,
tant de supplication dans ses beaux yeux noirs, que
le Prélat, vivement touché, se rendit aux désirs de

l'enfant. Celui-ci tout fier de ce triomphe, devance de quelques pas le cortège, annonce la visite, et, — heureux diplomate, — il introduit Monseigneur, jouissant de la surprise de petite mère et du bonheur de tous.

Cette piété filiale aida Marcel à vaincre les premières difficultés de l'étude. A cinq ans, il suit des leçons élémentaires dans une pension de fillettes, à Fumel. D'abord, sa petite main est rebelle aux « barres » et aux « modèles » à tracer. Elle s'échappe en arabesques capricieuses, comme ferait une mouche quelque peu savante. Mais, voici le jour de l'an. Marcel ne sait pas écrire, Marcel ne pourra pas envoyer ses vœux à petite mère.... et vite, il raffermit ses doigts, il s'acharne une et deux semaines. Bref, le 1er janvier, il avait l'orgueil de présenter à ses parents une lettre bien courte, bien propre, bien affectueuse surtout. La récompense vint aussitôt : éloges, baisers et le reste. Depuis, sa docilité fut parfaite et son application au travail tout à fait exemplaire.

II

Méritoire aussi. Car, sa vive nature se pliait mal à la contrainte de l'étude et réclamait impérieusement les distractions du jeu.

« Aux heures de récréation, — nous dit-on, — à la tête des plus jeunes élèves, il dirigeait la partie avec entrain. Par exemple, trouvant des broches en bois, il les distribuait à la petite troupe, et ces baguettes, aux doigts des gentilles fées, se convertissaient en fifres et trompettes. Puis, faisant le tour du jardin aux sons de cette ravissante musique, tout le monde se groupait autour du jeune chef. Ou bien, la fanfare devenait soudain bataillon de marche, les baguettes servaient de fusils, et

Marcel, en avant, drapeau en main, commandait l'exercice. A la fin, hissé sur un banc, il donnait à son auditoire ravi une représentation, qui avait toujours le mérite de faire trouver trop courtes les heures de la récréation.

« D'ailleurs, les représentations c'était le triomphe de Marcel. A six ans, il émerveillait l'Evêque de Cahors, de passage à Ferrières, chez son oncle, M. Monmayou. En présence d'un nombreux clergé, il récita plusieurs monologues avec tant d'aisance, que le Prélat ne put s'empêcher de complimenter le jeune acteur.

« Aux distributions de prix, il débitait toujours quelque rôle, et avec une grâce qui captivait l'attention de tous. »

Sous une enveloppe frêle, déjà vibrait une petite âme d'artiste. La musique le passionnait, il la goûtait d'instinct.

Un jour, dans une réunion de famille, le grand-père jouait de vieux airs sur un violon accordé... en 1830. Cela grinçait un peu. L'enfant trépigne. Enfin, à une note écorchée plus brutalement que les autres, il se lève brusquement, bondit au milieu du salon en s'écriant : « Oncle Mayou, arrêtez-vous ; c'est faux. » Marcel avait deux ans.

Depuis, le goût naturel se développa toujours. Si

l'on chantait près de lui, Marcel, aussitôt, saisissait
l'air, la mesure et les paroles, et sans hésiter, il
accompagnait le chant de sa voix fluette et gracieuse.

Enfin, la relation s'achève en ce témoignage :

« Un enfant aussi sensible, sous le regard d'une
mère vigilante et chrétienne, manifesta de bonne
heure une expansive piété. Nul mieux que Marcel
n'improvisait un rôle dans la charade en action,
il chantait avec beaucoup de verve la chanson-
nette ; mais il était toujours prêt à abandonner les
jeux bruyants pour visiter une église ; il aimait à
faire des chapelles, à s'habiller en enfant de chœur,
à brûler de l'encens dans un encensoir miniature.
Son étonnante mémoire avait retenu l'air et les
paroles des chants liturgiques ; puis, il les répétait
devant ses cousins, au château de Ferrières, dont il
encombrait les vestibules de corbeilles de mousse
destinées à construire des reposoirs. On conser-
vera longtemps au vieux castel la dernière chapelle
que Marcel avait si soigneusement et si patiemment
érigée de ses petites mains, pendant les vacances
de 1890. »

Et la maison paternelle aussi gardera le souvenir

de cet enfant espiègle et tendre, un écho de ses pas, quelques notes de ce rire si joyeux dont elle était toute rajeunie, surtout le regret amer de tant de qualités, naissantes alors, mais que l'âge allait doucement épanouir. »

MARCEL A SARLAT

III

Marcel avait dix ans. L'éducation de la famille
ou du village ne suffisant plus, ses parents le
confièrent aux Pères Jésuites de Sarlat, en octobre
1888. Les larmes de la séparation, on les devine
sans peine chez un enfant aussi affectueux. Pourtant, à peine arrivé, comme s'il eût voulu rassurer
la tendresse des siens, Marcel, dans sa première
lettre, n'exprime que la joie : « Je vous écris, cher
papa et chère maman, pour vous dire combien je
suis content que vous m'ayez mis dans ce collège,
où je me trouve si bien. » Deux jours après, les
classes commencent ; il est en septième. Marcel
l'annonce en ces termes : « Me voilà en septième ;

je travaille, autant que je peux, chère petite mère, pour vous faire plaisir, ainsi qu'à papa. »

Une aimable lettre de M. Escande affermit encore son courage :

« Peut-être es-tu étonné, cher enfant, de n'avoir rien reçu de moi depuis ta rentrée. Tu ne doutes pas, j'espère, de mon affection. Mais ta mère et tes tantes n'ont pas cessé de t'écrire ; alors, je me suis réservé le plaisir de venir causer avec toi après tout le monde.

« Te rappelles-tu quand tu venais au bureau me donner ton baiser du matin ? J'étais bien content, je t'assure, et me voilà maintenant privé de tes visites. Quelquefois, n'est-ce pas ? je me fâchais, tout doucement, lorsque, petit furet, tu remuais mes papiers... Et, te voilà collégien. Comme toi, aujourd'hui, j'ai passé des années au collège. C'est un peu dur ; mais lorsqu'on est raisonnable et qu'on veut faire plaisir à ses parents, on oublie un peu, ou plutôt on se rappelle son enfance à côté de papa et de maman, et alors on travaille beaucoup, beaucoup pour leur faire plaisir... »

Marcel obéit à des conseils d'une autorité si caressante. Le succès ne vint pas tout d'abord, du moins un succès au gré de sa filiale ambition. « Je suis sûr, ma chère maman, que ma place de

composition vous aura fait une peine assez vive
— 8e en orthographe (sur 29 élèves). — J'espère
avoir mieux, vendredi prochain. Mes notes sont
assez bonnes : 3 très-bien et 3 presque très-bien. »
C'était un début convenable. Mais Marcel voulait
davantage, « pour faire plaisir à petite mère ». Et,
après une semaine d'efforts, il put écrire enfin :
« Je suis content de vous annoncer, chère petite
mère, que j'ai fait des progrès, aujourd'hui : j'ai
eu 4 presque très-bien et 2 très-bien ; puis, en
Histoire et géographie, j'ai été 7e, et en Diligence
3e, au lieu de 18e, comme la dernière fois. Vous
voyez, petite mère et cher petit père, que je travaille. Je fais cela pour vous guérir. Ensuite, je
veux tenir compte de l'argent que vous dépensez
pour me faire élever. » Un peu plus tard, c'était
mieux encore : « J'ai eu cinq A et un Æ, tandis
que, la semaine dernière, quatre très-bien seulement. » Et il termine par cette formule tout à fait
rassurante : « Je mange bien, je m'amuse bien, je
travaille bien, je dors bien, je vais très-bien. »

IV

Il y avait pourtant quelques nuages, les petites
tristesses de l'ennui. Sa pensée le reportait bien
souvent à Fumel, non pour y revoir les coins ché-
ris, les amis perdus, pas même le beau chien
Danois, compagnon de ses jeux et de ses repas,
avec lequel il avait eu de si graves tête-à-tête. Son
regret, c'était de ne plus embrasser « petite mère »
et son « cher papa ». Aussi, dans chaque lettre,
une seule demande, mais toujours renouvelée, mais
pressante : « Venez me voir vite, bien vite. »
Attendre la sortie, un mois, c'est trop. « Vous me

dites, chère maman, d'offrir ce sacrifice au bon
Dieu ; *ça m'est impossible ;* je ne puis attendre
jusqu'au 13, sans vous voir. » Au gré de sa tendresse, une visite par semaine pouvait à peine
suffire ; et pour toucher le cœur de petite mère
— il n'en fallait pas tant — Marcel épuise le trésor
de ses câlineries : « Dans votre lettre, vous me
dites que vous ne viendrez que dans une quinzaine
de jours. Je vous en supplie, venez plus tôt si vous
voulez faire plaisir à votre fils qui vous aime tant...
Ne me refusez pas cette joie, chère petite mère,
je vous en supplie, venez sans faute, sans faute.
Autrement, je serais inquiet. »

Ce dernier mot nous révèle la vraie raison de
ces instances. Loin des siens, sa tendresse était
anxieuse. Le retard d'une lettre le préoccupe. Évi-
demment, « petite mère » est malade, ou « papa »
succombe à la fatigue d'un labeur quotidien : « Je
suis très inquiet, cher papa et chère maman, de ne
pas avoir reçu, depuis samedi, de vos nouvelles.
Sans doute que vous êtes plus malades et vous
voulez me le cacher. Faites-moi venir, je vous en
supplie. Ecrivez-moi tout de suite. »

Et encore : « Vous ne me donnez pas signe de
vie. Petite mère, je crois que vous êtes plus souffrante. Si vous êtes malade, appelez-moi vite, je

vous en supplie, chère petite mère. Souvenez-vous de votre promesse. Comment va papa ? Ne se fatigue-t-il pas trop à ses affaires ? Dites-lui de ne pas trop travailler parce qu'il pourrait se rendre malade. Je veux devenir un homme pour l'aider. » Il fallait donc le rassurer par une lettre immédiate ou mieux encore par une visite.

Ses alarmes une fois calmées, comme son cœur ne quitte guère le foyer, Marcel réclame les moindres détails : « Comment vont les petits chats ? Le chat-tigre va-t-il toujours dans la maisonnette ? » Et sa tante lui répond, gravement : « Les chats se portent bien ; Minet gris passe des heures à la porte de ta chambre, couché sur le paillasson, il attend que son petit maître sorte. Danois n'est pas toujours sage ; il se sert lui-même chez le boucher qui ne tarde pas à présenter la note. » Un jour, Marcel est tout désolé. On vient de lui apprendre un grand malheur. Le pauvre petit en a les larmes aux yeux : « La triste nouvelle que papa m'annonce dans sa lettre d'avant-hier m'a fait pleurer de chagrin ; c'est la mort du pauvre cheval. Est-il mort de faim, de froid ou de fatigue ? »

De son côté, pour répondre à ces menus faits de famille, il raconte les incidents de sa vie de collège : « La retraite commence ce soir, priez bien, très bien pour moi. » Au jour de clôture, c'est « un dîner de première classe » dont il énumère les mets « tous très-bons ». Ou bien, les petits triomphes scolaires : « La concertation a eu lieu, vendredi dernier ; j'ai été vainqueur de mon rival. »

Sa modestie n'en dit pas davantage. Pourtant, sans trop se vanter, il y avait plus à dire. Attentif en classe, Marcel était plein d'entrain dans la lutte. Interrogeait-on l'émule, comme un ressort subitement détendu, il se levait brusquement et donnait la réponse au vol avec une vivacité extrême. Pendant le petit tournois, ses yeux noirs, d'un regard intense, allaient de l'adversaire au professeur ; des cris de joie naïve ou des exclamations douloureuses s'échappaient de ses lèvres, selon les chances et les revirements du combat ; tout son visage trahissait l'émotion ou l'angoisse, rayonnant dans la victoire, voilé et triste jusqu'aux larmes dans la défaite. C'était un élève intéressant, mais trop modeste pour le savoir.

Aussi bien, cette vertu brilla chez lui dès ses jeunes ans. Il chantait d'aimable façon, et comme on l'a vu, il excellait à débiter un rôle. Cependant, au témoignage de ses premiers maîtres, malgré les applaudissements, jamais on ne surprit en lui la moindre trace de vanité, défaut pourtant si précoce, et le plus souvent incapable de se déguiser, à cet âge naïf. Bien plus, Marcel ne souffrait pas facilement les éloges. Un jour, àprès un petit succès de salon, la grand'mère, orgueilleuse des mérites de l'enfant, les étalait à plaisir aux invités. Mais Marcel, rougissant, courut à elle, et la main sur sa bouche, il lui imposa silence dans un baiser. Plus tard, au collège, les bonnes notes, les places victorieuses, il les ambitionna de toute son âme, mais uniquement pour réjouir « petite mère », et selon sa pensée touchante — pour la guérir. La tendresse filiale inspirait seule son travail et le soutenait contre l'inconstance et la légèreté de son âge.

V

Eʟʟᴇ avivait encore sa piété. Aussi, Marcel écrit, aux fêtes de Noël : « Voici Noël qui arrive ; je ne pourrai pas mettre mon sabot dans la cheminée de votre chambre ou du salon. Mais dès que l'Enfant-Jésus sera dans la crèche, je vais le prier afin qu'il vous guérisse bien vite, et pour moi, afin que je commence bien cette année. » Au 1ᵉʳ janvier, avec ses vœux, il envoie pour étrennes, les plus agréables au cœur de petite mère : Division Æ. Classe : leçons A, devoirs A, conduite A, composition en arithmétique : 5ᵉ. Et il ajoute : « Je vais continuer à demander au petit Jésus qui est en ce moment à la crèche, de vous bénir et de vous conserver en bonne santé. Ne m'oubliez pas non plus dans vos prières, cher papa et chère maman, afin que je redouble d'ardeur dans mon travail et que je sois votre consolation. »

Presque toujours, dans ses lettres, à côté du mot tendre, un mot pieux. C'est un souhait de bénédiction, une prière courte et vive pour les siens, écho de prières plus longues, faites le matin, à la chapelle, ou le soir, au pied du lit.

Dieu récompensa cette affection dont Il était la source. Quelques jours avant Pâques, Marcel écrivait à sa famille : « Je fais tout mon possible pour passer de bons examens, afin d'avoir le premier ou le second prix. » Et il y va de si bon cœur, le cher petit, qu'il n'a plus le temps d'envoyer à Fumel deux lettres par semaine. « Je voudrais bien vous écrire deux fois ; mais cela m'est impossible, à cause de mes examens que j'ai à préparer. » Marcel voulait un premier prix. Son labeur le lui donna. Presque à toutes les matières, il eut la joie de répondre : Très-bien, — et, sur son bulletin trimestriel, son professeur pouvait mettre : Application : *très-bien*. Progrès : *très-sensibles*. Les vacances de Pâques allaient être heureuses.

VI

Seulement, elles passèrent vite, trop vite au gré
de Marcel, dont le cœur s'épanouissait si librement
à l'air du foyer. Il rentre au collège ; mais l'ennui
le mord au cœur : « Depuis que j'ai quitté mon
pays, je m'ennuie beaucoup. Venez me voir le plus
tôt possible. » Huit jours après, il excuse ses
mauvaises places : « N'en soyez pas étonnée, chère
petite mère ; je me suis ennuyé toute la semaine.
Cela fait que je n'ai pas travaillé comme les autres
fois. » Cependant, l'ardeur revint, rallumée surtout par la pensée de la première communion.

Depuis longtemps, ce grand acte de la vie préoc-
cupait son jeune esprit. Dès le 17 mars, il écrivait:
« Louis, Georges et moi, nous allons nous prépa-

rer tous les mardi et jeudi, à la première communion. Tous les jours, je récite une dizaine de
chapelet pour la bien faire. » A mesure que l'heureux moment approche, son impatience croît et
son allégresse aussi : « Il ne me reste plus que
33 jours, avant ma première communion. Quand
j'y pense, je suis dans une joie que je n'ai jamais
eue. » Déjà il songe aux gravures à donner ; il en
indique le nombre, il convoque toute la famille
pour ce jour de fête. Petite mère, docile à ses
désirs, promet tout. « En attendant, sois bien sage
et prie beaucoup. Souviens-toi, cher petit Marcel,
que c'est le plus beau jour de la vie, quand on a le
cœur et l'âme bien préparés à recevoir Jésus. »
Pour comble de plaisir, M. Escande sera là, tout
près de lui, à la table sainte. « Mon enfant, tu
approches d'un grand jour. Ta première communion, à laquelle je me propose d'assister, me pro-
curera une grande joie. Sois tranquille, je parta-
gerai ton bonheur. Tu t'y prépares pieusement,
n'est-ce pas ? Ne néglige pas non plus tes devoirs
scolaires. Avec la piété, ce sera la meilleure pré-
paration. »

Pendant la retraite, le recueillement de Marcel
fut parfait. C'était plaisir de le voir, en tête des
rangs, les yeux baissés, les bras croisés ou la main

égrenant pieusement le rosaire. « Je me souviens,
dit le Père chargé des premiers communiants, que
Marcel passa les trois jours sans manquer une fois
au silence. Le soir, il m'apportait fidèlement la
liste des petits sacrifices offerts à Notre-Seigneur
et à N.-D. de Temniac. Je regrette fort de n'avoir
point conservé une lettre à la Sainte Vierge, où,
ingénument, il la suppliait de préparer dans son
cœur, à Jésus, un nid doux et chaud. On avait
peine à rassurer sa conscience délicate ; et, le jour
même de la première communion, sur le point
d'aller à la sainte table, il quitta soudain ses com-
pagnons pour consulter le Père spirituel et se
confesser une fois encore. »

Enfin, Jésus descendit en cette âme si bien prête,
et ses caresses durent être suaves et tendres. Car,
Marcel rayonnait de joie. Ses yeux si purs lais-
saient voir l'innocence du cœur, et, à travers les
traits un peu pâles du visage, transparaissait le
bonheur intime de sa piété.

D'ailleurs, les saintes impressions furent dura-
bles. Elles remplirent son âme jusqu'aux derniers
jours, et l'année s'acheva calme, pieuse, couronnée
par des succès modestes, mais réels.

VII

Les grandes vacances furent joyeuses et rapides,
soit à Fumel, au milieu des caresses de la famille,
soit au château de Ferrières, près des cousins Louis
et Anatole Monmayou. C'était deux amis pour
Marcel, ou mieux encore : car son cœur, si riche
en tendresse, leur prodiguait une affection frater-
nelle. Il avait peine à vivre loin d'eux. Lorsque
ses parents retardaient l'heure d'une réunion
impatiemment désirée, les distractions perdaient
pour lui toute saveur.

Un jour, pour aiguiser peut-être son désir et
sous couleur d'économie, on ne lui permettait pas
d'aller à Ferrières, le 1er janvier. Aussitôt, Marcel
renonce à ses étrennes. Qu'on lui en donne le prix
et il lèvera l'obstacle.

Louis, plus âgé de cinq ans, lui était un frère

aîné. Tout jeune encore, si quelque adversaire
s'avisait de l'attaquer, Marcel, trop faible pour se
défendre, menaçait d'en référer à son ami :
« C'est Louis qui te règlera, va, méchant ! » Au
collège, il questionne petite mère sur ses cousins,
sur leur santé, sur leurs succès. Par affection,
malgré son âge inférieur, il devient leur conseil-
ler : « Bien chers cousins, il vous en a sans doute
coûté de laisser tante Marie et l'oncle Marc,
comme à moi de quitter papa et maman. Eh bien !
armons-nous de courage, et travaillons pour
plaire à nos bons parents. Et toi, mon cher Louis,
prépare-toi à bien passer tes examens. Je vais faire
tous les jours une petite prière pour toi, afin que
tu aies ce que tu désires. »

Jugez du charme des vacances. Comme on s'é-
battait sur l'herbe soyeuse des pelouses ! Que
d'échappées dans les bois ! en jouait-on des parties
de croquet ! Même, c'était trop bien. On oubliait
un peu « les devoirs », tâche ennuyeuse au collège, mais mortelle en vacances. Une fois entre
autres, à une heure indue, les trois « frères »
faisaient l'école des buissons avec le chien Danois
peut-être, et peut-être après les papillons... quand,
au bout d'une allée, tout au fond, se dresse
une silhouette sévère. Marcel l'a vite reconnue :

« C'est papa, s'écrie-t-il ; Louis, Anatole, au travail ! » et ils s'esquivent à toutes jambes, sans être
aperçus. Cependant, M. Escande, entré au château, se dirige vers l'antique bibliothèque. C'était
la salle d'étude. Spectacle édifiant ! Louis, Anatole
et Marcel, sérieux, inclinés sur leurs cahiers,
tirant un bout de langue, tant ils y mettent de
bonne volonté, font laborieusement grincer leurs
plumes un peu rouillées. Touché de cette application, le terrible visiteur s'écrie : « A la bonne
heure ! mes enfants. » Puis, il referme la porte ; et
nos espiègles de rire...

Ils pleurèrent aussi. Car tout passe, et bien vite,
surtout les vacances. Marcel rentre donc au collège ; et comme l'horizon n'est plus aussi gai, une
fois de plus il y rentre avec peine. « J'ai eu beaucoup de chagrin de vous quitter. Je ne pouvais
retenir mes sanglots. Vous avez été si bonne pour
moi, chère maman, que je ne l'oublierai pas. Je
m'ennuie beaucoup depuis mon départ. Heureu-
sement qu'il ne reste plus que 22 jours pour que
je puisse vous embrasser, chère maman, ainsi que
papa. Aujourd'hui, à la salle de théâtre, le Père
Préfet a proclamé les noms des élèves qui montent
dans les classes supérieures. Je passe en sixième ;
je suis bien content de vous l'annoncer. »

Sous cette première impression de joie, il travaille résolument. Mais elle se refroidit, et l'ardeur en même temps. Bientôt, les notes sont faibles, les places de composition peu honorables. Marcel tâche à les expliquer. Quelquefois l'excuse est bonne : « Vous serez un peu peinée, chère maman, des notes et des places que j'ai eues. C'est que je n'ai pas fini ma composition. Cela m'a fait dégringoler. »

Ou bien, la nostalgie ; il se consume en regrets, rêve, pleure, toutes choses peu favorables au succès. Or, à Fumel, on l'entendait de toute autre manière. Désormais, donnant, donnant. Sans notes meilleures, plus de lettres de petite mère. L'épreuve était bonne ; elle dura un mois et demi. Mais alors, la tendresse filiale n'y tint plus : « Je vois et je comprends, chère maman, combien il est utile que je me remette au travail sérieusement ; durant les deux mois qui se sont écoulés, je n'ai presque rien fait. Mais c'est fini ! »

La concertation est proche ; excellente occasion pour se relancer. En effet, il tient sa promesse, il étudie ferme, au point de mériter cet éloge du Père Préfet : « Marcel travaille autant que l'année dernière, c'est-à-dire très-bien. »

VIII

Travail difficile, assurément ! Outre l'ennui,
outre la paresse, oreiller si commode à l'enfance,
Marcel devait surmonter la maladie.

A plusieurs reprises, il s'était plaint de « petits
animaux » tout à fait importuns à son estomac.
D'où, crises nerveuses. Puis, l'anémie. De taille
mignonne, les cheveux noirs, front ouvert, toute
la vie réfugiée dans ses grands yeux rieurs dont
il éclairait un visage maigre et pâle, Marcel trahissait un épuisement prématuré : « Je suis bien
faible, écrit-il ; de violents maux de tête et des
nausées me prennent de temps en temps. Le docteur B... m'a ordonné beaucoup de remèdes ; il

m'a trouvé bien chétif. » Un peu plus tard, à ces souffrances s'ajoute une faiblesse insolite dans les jambes. Marcel est préoccupé. « J'ai à peu près constamment cette fatigue dans les jambes. Cela m'ennuie beaucoup. »

Il travaille pourtant, sans perdre courage : « Chère maman, nous avons composé, mercredi. Je ne sais pas comment cela s'est fait, mais j'ai été 14e (sur 33 élèves). C'est ma meilleure place de l'année en Version latine, au lieu de 24e, 26e, 27e. Pour la Diligence — 9e ; c'est encore bien. Mais cette semaine, ce sera mieux. » Ce fut mieux ; Marcel écrit en triomphe :

« Mes notes aujourd'hui sont très bonnes.
         « Division : trois A.
         « Classe. — Français : trois A.
                     Latin : trois A.
                     Diligence : 3e.
                     Calligraphie : 6e. »

Il fallait bien quelque énergie, ou, si l'on veut, beaucoup de tendresse pour résister à la nonchalance, si naturelle en son mal, et plus encore — pour conquérir de pareils succès.

Au reste, Marcel ne chercha jamais dans son état un prétexte ou la moindre excuse à la dissipa-

tion et à la légèreté. Au témoignage de son surveillant, il fut toujours bon élève :

« Sa tenue, nous assure-t-il, resta parfaite, toute
l'année. Malgré sa vivacité native, on le voyait,
pendant l'étude, à son bureau, calme et appliqué.
Le silence, bien dur aux écoliers, Marcel le gar-
dait avec scrupule. Enfin, il était pieux, simplement. Durant la prière, bras croisés, les yeux fixés
sur le Père, il répondait toujours d'une façon dis-
tincte. A la chapelle, son regard ne quittait guère
l'autel ; ou bien, il chantait, lisait dans l'eucologe,
récitait dévotement le chapelet. Le visage si ouvert
laissait voir la candeur d'une âme pure. Aussi, le
cher enfant m'a-t-il inspiré toujours beaucoup
d'intérêt... »

Ainsi parlent tous ses maîtres. Marcel, affectueux et soumis, s'attira la bienveillance de chacun.
Sa politesse toujours égale, ne sentait point la
gêne. Au contraire ; et loin de redouter le regard
du professeur ou du surveillant, au lieu de les
fuir, comme tant d'autres, à l'égal d'ennemis, il
s'approchait avec une confiance naïve. Même, il
lançait à leur adresse des malices enfantines, riant
aux éclats, d'un joli rire clair, lorsqu'on répondait
à ses gracieux badinages sur le même ton. Les

maîtres étaient des pères. Marcel les aima comme un enfant bien élevé.

Grâce à cette tendresse réciproque, Sarlat ne lui fut pas trop un lieu d'exil. A défaut des joies du foyer que rien ne remplace, il y goûta les plaisirs d'une vie toute de paix et d'étude, plaisirs quelque peu austères, assez doux cependant, comme ils peuvent l'être dans un excellent collège. En le quittant, Marcel y laissa le souvenir d'un aimable petit écolier, docile et pieux, agréable parfum d'une fleur, hélas! trop tôt fauchée.

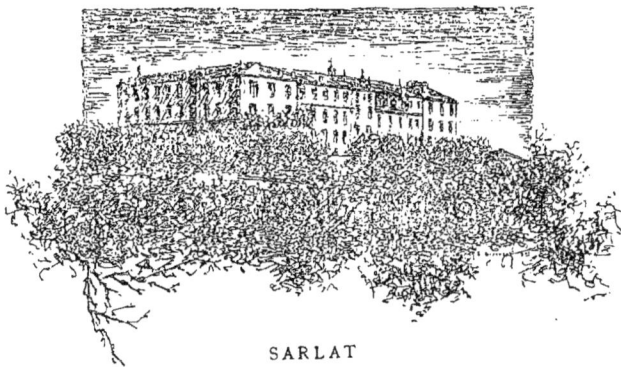

SARLAT

MARCEL A TIVOLI

IX

« Mes chers cousins,

« Je réponds à votre aimable lettre qui m'a fait
un grand plaisir. Me voici à Tivoli. J'en suis fort
heureux. Car ici il n'y a rien de triste. C'est un
grand collège, bien plus grand qu'à Sarlat; les
corridors sont immenses, les études très-belles et
les classes bien aérées. Au dortoir, on couche dans
de jolies cabines, comme dans une petite chambre... La chapelle est gracieuse, et il me semble
que j'y prierai avec plaisir. Il y a aussi un parc
très vaste, où se trouve le parloir, au milieu des
fleurs. Enfin, tout est très-beau. Je ne m'ennuie pas
du tout, tandis qu'à Sarlat, c'était le contraire... »

Dans l'espoir de fortifier une vie si chétive en changeant de climat, peut-être encore pour ménager à l'enfant des relations de famille plus fréquentes, par les amis et parents de Bordeaux, ou pour d'autres raisons, inutiles à rappeler ici, M. Escande, au mois d'octobre 1890, avait donc remis Marcel aux Pères de Tivoli.

Ce n'était plus l'antique demeure, témoin de ses premiers pas d'écolier, dressée au penchant de la colline, assez fière de loin, moins fière de près avec ses murs où le temps a laissé une empreinte vénérable, et ses corridors un peu sombres, un peu usés sous les pas de tant de générations, et les salles de travail, études et classes, où aucun luxe extérieur ne vient distraire l'élève de sa tâche quotidienne ; — vieille maison, sans élégance d'architecture, mais accueillante, familière aux anciens, revue toujours avec plaisir au bord de ce nid de verdure où Sarlat se blottit, voluptueusement.

Non, ce n'est plus cela.

Marcel l'a constaté avec une joie naïve.

Même enthousiasme dans les lettres à ses parents : tout lui semble parfait, voire la nourriture, perfection bien rare au gré des écoliers : « Je vais très-bien et je mange très-bien, car on donne d'excellentes choses, et tous les jours on varie les plats. » Un peu plus tard, en Carême, il dira : « On fait maigre trois fois par semaine, mais cela me gêne fort peu. Au contraire, on nous sert mieux les jours maigres que les jours gras. »

Parle-t-il des promenades, elles sont charmantes, et il les énumère avec complaisance : promenades au port, au Muséum d'histoire naturelle, au Parc Bordelais, etc.

La clôture de la retraite provoque une admiration enfantine, pleine de charmes. D'avance, il l'avait annoncée à sa mère en termes naïfs : « Dimanche, clôture de la retraite ; grande fête. *Sa Majesté Episcopale* viendra. On se propose de lui faire une cérémonie magnifique. »

En attendant, il met à profit ces jours de calme, accordés à la réflexion et à la prière. Doucement ému, à la fin, il écrit ingénument ce billet, empreint des sollicitudes d'un cœur sensible et généreux.

J. M. J.

Au nom du Père, du Fils et du Saint-Esprit.

« Je demande à Dieu, à la Sainte Vierge, aux Saints Anges, à mon saint Patron, de m'accorder, à ce dernier jour de ma retraite, les grâces que je vais dire :

« 1° De guérir mon petit père et ma petite mère, ainsi que tous ceux qui en ont besoin.

« 2° De bien travailler et de combattre mon défaut dominant qui est la paresse.

« 3° De faire que mon cousin Louis soit reçu à ses examens.

« 4° De délivrer les âmes du Purgatoire et de pardonner à ceux qui sont en enfer.

« 5° Mon Dieu, si j'oublie d'autres choses, faites-moi la grâce de me les accorder tout de même, à la messe de communion.

« MARCEL. »

A. M. D. G.

Le lendemain, selon sa promesse, il décrit à sa mère la solennité de clôture avec ce luxe de détails :

« A l'instant se termine la fête superbe en l'honneur de la clôture de la retraite. Monseigneur est arrivé à 7 heures 1/2. On est allé le chercher en procession au parloir, où il est descendu de voiture. Après quoi, tout le monde s'est rendu à la chapelle, où il y a eu messe solennelle présidée par Monseigneur. Toute la chapelle était tendue en velours rouge avec des franges d'or. Il y avait des oriflammes à la voûte, puis, au sanctuaire, beaucoup de fleurs, et même des palmiers. En un mot, c'était magnifique...

« Ensuite, nous sommes allés à la salle des exercices qui était ornée de guirlandes et de bannières. L'orchestre a joué de très-beaux morceaux. On a offert à Sa Grandeur un très-beau bouquet, en lui faisant un compliment. Monseigneur a répondu très-bien ; surtout, il nous a dit que comme c'était la première fois qu'il venait à Tivoli, il donnait un jour et demi de plus au premier de l'an. Nous avons répondu par de grands applaudissements.

« Après, il y a eu un salut solennel, où tous les lustres étaient allumés, et le chœur plein de bougies. Enfin, c'était magnifique ; et je suis bien content que vous m'ayez mis à Tivoli. »

X

A Fumel aussi, petite mère était contente. Dans
une lettre où son amour sait aux caresses flatteu-
ses unir les doux conseils, elle écrit :

« Nous sommes heureux, cher trésor, de te savoir
bien portant et d'apprendre que tu sais apprécier
l'excellent collège où tu te trouves. J'ai appris par
Mme D... que, dans la maison, tu trouves tout
irréprochable « depuis l'enseignement jusqu'à la
nourriture ». Nous sommes ravis aussi de savoir
que tu ne t'ennuies pas.

« Les détails que tu nous donnes sur la fête de
dimanche nous ont intéressés. Ta petite lettre
était mieux que la première. Soigne ta correspon-

dance. Ce sera pour nous un témoignage de tes progrès. Monseigneur a été bien bon de vous donner un jour et demi. Ce seront de vraies vacances. Il ne faut pas que ce plaisir encore éloigné t'empêche de travailler avec ardeur. Il nous tarde de connaître tes premières places. Tu sais bien, cher enfant, que nous avons ton avenir à cœur, et plus que jamais, nous tenons à ce que tu travailles avec ardeur et entrain.

« J'espère que tu as fait une bonne retraite, et que déjà tu es à l'œuvre pour tenir les excellentes résolutions, prises ces jours derniers. Ton attention volage demande à être maintenue. Ne te décourage pas et tâche de faire une bonne *quatrième*. »

En quatrième, déjà. Aux vacances, Marcel avait un peu moins joué, un peu moins trompé la vigilance paternelle. Finies, les escapades au détriment du thème latin. Il fallait, l'année suivante, franchir, sans s'y arrêter, la classe de cinquième. On avait donc travaillé. Puis, vint l'heure de décider. Marcel, flatté par l'espoir de monter si haut en bien peu de temps, passa les premiers jours dans l'inquiétude. Enfin, agréable nouvelle ! « Papa a dû être bien content, chère petite mère, quand vous lui avez annoncé que j'étais en quatrième. Que va-t-on dire à Fumel?... Ici, je me trouve cent fois mieux qu'à Sarlat. Dites-le à tous de ma part. »

Être à l'honneur ne suffit pas. Encore faut-il prouver qu'on le mérite. Dans la joie de son petit triomphe, Marcel l'oublie un peu. La semaine a été mauvaise : 28ᵉ en Diligence (sur 29 élèves). Début malheureux ! « Je comprends, dit-il, que cette place ne vous a point fait plaisir. C'est pourquoi, j'ai pris la résolution de mieux travailler, d'autant que mon professeur m'a dit qu'en travaillant un peu mieux, je pourrais arriver aux A. Alors, vous n'aurez plus de chagrin. »

Cet humble aveu, prévenant les reproches, désarmait la sévérité maternelle. Enfant malin et petit diplomate, peut-être le savait-il ; et ses promesses, sincères assurément, s'envolèrent sur les ailes du caprice et de la légèreté. Mais il les rappela bien vite après cette lettre de maman, où Marcel devine des larmes de tristesse :

« Notes et places sont loin de nous satisfaire. Si les unes et les autres ne sont sensiblement meilleures, la semaine prochaine, tu auras à le regretter, sois-en persuadé. Toujours des promesses, mon pauvre Marcel, et jamais les résultats que nous désirons. C'est décourageant. Songe donc que, quoique bien jeune, il dépend de toi que nous soyons heureux ou malheureux. Évite de faire de la peine à de si bons parents. Souviens-toi que, malgré mon désir de te voir, ma visite sera subordonnée aux places et aux notes prochaines... Allons, rappelle-toi que l'instruction est chose utile, et que tu es dans cet excellent collège pour y acquérir la science et la vertu...

« Adieu, cher enfant, sois sage, travailleur et pieux pour nous faire plaisir. »

Il n'en fallait pas tant pour toucher le cœur de Marcel. Affliger petite mère, cruel remords ! et puis, il comprenait si bien ce langage de blâme tempéré par des paroles douces et tendres.

« Ma chère maman, je vois la peine que je vous ai faite ainsi qu'à papa. Je crois que les notes de cette semaine seront meilleures ; car, je l'ai bien commencée en sachant mes leçons et en faisant mieux les devoirs. J'espère qu'elle se terminera ainsi que je l'ai commencée. »

Comme il se défie de sa constance, le pieux enfant ajoute : « J'ai demandé au bon Jésus, et je lui demande tous les jours la grâce d'avoir, cette semaine, de meilleures places que la dernière, c'est-à-dire d'être au moins dans les dix premiers ; car je comprends que je puis y arriver peu à peu. »

Et, dans la lettre suivante : « Demain, 8 décembre, fête de l'Immaculée Conception. On se prépare à célébrer cette fête avec beaucoup de solennité. Dans la sainte communion que je vais faire, je demanderai à Marie Immaculée de vous guérir ainsi que papa, et aussi de me donner le goût du travail que je n'acquiers pas vite. »

C'était vrai ; par nature, Marcel n'avait pas ce goût. Paresse d'enfant ou faiblesse de santé, l'étude lui coûtait de laborieux efforts. D'où, de temps à autre, un recul subit dans les notes, un insuccès plus marqué dans les compositions.

Il y avait pourtant une excuse. Marcel la présente respectueusement à sa famille pour expliquer ses petits malheurs scolaires : « Je travaille de mon mieux. Mais, j'espère, chère maman, que vous comprenez que, lorsqu'on a sauté une classe, on ne peut pas si bien réussir. Ne m'en demandez pas trop. Que je sois dans les douze ou quinze premiers au commencement, c'est tout ce que je puis faire. » Le « bon Jésus », si pieusement invoqué, exauce cet espoir ; et, bonheur plus doux encore, une lettre de Mme Escande récompense délicieusement ses efforts :

« Mon cher enfant, tes notes de la semaine m'ont été si agréables et la place de Diligence, 3e,

m'a fait tant de plaisir que j'aurais voulu t'avoir
auprès de moi pour couvrir tes petites joues de
nombreux baisers. Neuf *très bien,* c'est magnifique. Quand tu auras une place de premier, je te
donnerai la récompense qui pourra te faire le plus
de plaisir, et je pense que tu me demanderas d'aller te voir aussitôt. Pourvu que ma santé le per-
mette, je me rendrai à ton désir. Tu sais, cher
amour, que petite mère tient sa parole..... »

Grisé par cette chaude tendresse, l'enfant mar-
cha d'un pas sûr dans sa classe, en bon rang,
sinon au premier. Chaque mois, il méritait un
optime, témoignage d'application constante et de
très-bonne conduite.

« Marcel, nous dit son professeur, avait quelques difficultés à suivre ses condisciples. Parfois,
j'ai dû lui reprocher un peu sa paresse, mais rare-
ment. Les devoirs ponctuellement faits, ses leçons
apprises fidèlement lui ont presque toujours valu
d'excellentes notes. Un regard suffisait à contenir
les vélléités de dissipation. Enfin, je n'ai guère
trouvé d'enfant qui mêlât au respect envers ses
maîtres plus d'affection et de docilité. Aussi l'ai-je
regretté comme un de mes meilleurs élèves. »

XI

Eɴ effet, malgré les fluctuations d'un caractère un peu mou, Marcel se transformait de jour en jour, docile à ses maîtres, fidèle surtout à cette affection filiale, inspiratrice et soutien de sa vie.

« Pendant les quelques mois — dit le surveillant — que Marcel passa dans ma division, il m'a toujours paru un enfant plein de foi, de générosité et d'obéissance. »

Aussi bien, pour acquérir ou garder ces vertus, il n'avait qu'à voir et suivre. Dirigés avec une patience toujours industrieuse, formés avec amour, les petits pensionnaires se distinguent par leur bonne tenue. Marcel le constate bien vite : « On défile ici, comme à Sarlat, les rangs en bon ordre, les bras croisés, sans tourner la tête ni les yeux. » A la chapelle, c'est la piété naïve et respectueuse ; pendant l'étude, un silence, très-méritoire à cet âge ; enfin, dans les rapports, une figure expansive et la bonne familiarité de l'élève avec ses maîtres. Marcel s'accommode promptement à ce milieu si convenable à son caractère. Le bon exemple l'entraîne ; sa langue si mobile, il la contient ; maîtrisant la pétulance de son naturel, il l'assouplit aux exigences d'une discipline minutieuse. Bref, il peut écrire, après deux mois : « Je n'ai pas encore eu d'arrêts ; cela vous prouve, chère maman, que je suis sage, puisque je n'ai pas mérité de punition ; et il en sera ainsi, j'espère, jusqu'à la fin de l'année. »

Une preuve de sagesse plus concluante fut d'être admis à la Congrégation, dès les premiers jours de décembre : « Dimanche prochain, il doit y avoir une fête de Congrégation. On doit, avec quelques autres, me recevoir *approbaniste*. Je prierai bien pour vous, ce jour-là. Je suis sûr que la Sainte Vierge ne me refusera pas les grâces que je vais lui demander. » Et comme noblesse oblige : « Désormais, dit-il, je veux avoir des A, ou du moins des Æ, mais plus de ces E qui vous font tant de peine. » En effet, il fit honneur à son titre. Mieux que ses lettres, les témoignages de ses condisciples le montrent de façon décisive.

« J'ai été longtemps, écrit l'un d'eux, à côté de Marcel Escande, en étude et au réfectoire. En étude, jamais il ne mettait les mains sous la table pour s'amuser, parce qu'on l'avait défendu ; jamais il n'omettait un devoir. Il a gardé le silence tous les jours de novembre et de décembre et presque tous les jours de janvier et de février. Au réfectoire, je n'ai pas entendu une parole de lui qui pût altérer la vérité. Toujours, il a bien parlé de ses maîtres, jamais il ne s'en est plaint. »

Ce respect pour les maîtres, tous ses condisciples l'attestent en termes à peu près semblables : « Marcel ne critiquait point son professeur ou le surveillant ; toujours, en parlant d'eux, il a dit Monsieur ou Père. » Politesse vulgaire, si l'on veut ; assez rare pourtant. Chez notre petit écolier, elle s'épanouissait comme la fleur exquise d'une bonne éducation, jamais en défaut, charmante de réserve, et toutefois pleine d'abandon.

Du reste, sachant bien qu'aimer c'est obéir, rien n'égalait la promptitude de sa docilité. Le surveillant de Marcel écrit encore :

« Elève de quatrième, Marcel avait toute la candeur d'un petit enfant. Quand je le réprimandais pour les petits objets, gardés sur son bureau, vite il les serrait, et continuait à travailler. Le cahier où j'inscris ceux qui gardent rigoureusement le silence en dehors des temps permis, me prouve qu'il l'a observé parfaitement, presque tous les jours. Simple et bon et obéissant, voilà ce cher petit élève. »

Pourtant, une ombre légère. Marcel ne jouait pas en récréation. La loi du jeu, dure loi dans un collège. Cela paraît invraisemblable avec des enfants pleins de vivacité, impatients de l'étude et avides de mouvement. Un fait d'expérience, cependant. A part certaines natures ardentes, les autres s'amusent forcément. C'est que pour jouer, en hiver, en été, à des jeux plus ou moins imposés, il faut beaucoup d'énergie. Briser la mauvaise volonté ou secouer l'inertie n'est pas chose facile au surveillant. Marcel mérita quelques reproches à ce sujet. Le croira-t-on ? Le petit chef d'orchestre ou le grave instructeur des milices, jadis, à la pension de Fumel, lui, ne pas jouer ! Les échos de Ferrières résonnent encore des bruyantes parties de croquet. Pendant les vacances, il s'ennuyait à table, trépignait à l'étude, emporté par sa fougue au jeu... Mais, au collège, la flamme pâlissait. Dans les lettres de Marcel, nous trouvons bien la formule déjà citée : « Je vais bien, je mange bien, je m'amuse bien. » Parfois, il annonce joyeusement à sa mère les jeux de la saison : « En ce moment, petite mère, nous faisons au ballon, au camp, et j'y joue d'une manière acharnée... Ici, je ne m'ennuie pas du tout ; en étude, je suis sage ; en récréation, je m'amuse beaucoup. » Cependant, après les éloges, ses condisciples ajoutent : « Marcel ne jouait pas beaucoup... Il était frileux et se plaisait aux choses de petites filles. »

Ils auraient pu écrire, s'ils l'avaient compris : « Marcel était trop faible. » Car, sa mollesse au jeu était maladive ; et le surveillant, sûr d'ailleurs des bonnes dispositions de l'enfant, sans omettre d'exciter sa nonchalance, cependant l'excusa toujours.

XII

Eɴ revanche, l'exquise bonté de son cœur attire
à Marcel d'unanimes éloges. Nous la connaissons
bien. Ses lettres en sont imprégnées. On la respire
à chaque pas de sa jeune carrière ; et elle charma
ses condisciples, au témoignage de leurs billets
ingénus.

« Marcel Escande, dit l'un d'entre eux, était très-
bon enfant et très-aimable. Une fois, j'avais trouvé
son porte-crayon qu'il avait perdu. Je le lui ren-
dis ; il m'en remercia beaucoup et me combla de
petits cadeaux. »

Et cet autre : « Mon pauvre condisciple n'a
jamais été mon voisin ; mais je puis dire qu'il

avait bon cœur. S'il recevait quelques friandises, il en donnait toujours à ses camarades. Dieu lui aura rendu au centuple ce qu'il donnait aux pauvres. Car il était généreux, le pauvre Marcel. Pendant les promenades, il donnait toujours et sans compter ; j'ai remarqué qu'il distribuait plus de dix sous par promenade. »

Mme Escande ne comprenait pas l'épuisement rapide des bonbonnières envoyées à Marcel, ni les lacunes subites de sa petite bourse. Elle ignorait ses largesses. Le modeste enfant faisait le bien, comme toutes choses, sans bruit, simplement.

Enfin, dernier souvenir d'un camarade, celui-là plus naïf encore :

« Marcel Escande a été bien bon pour moi. Presque toujours il m'a donné des sucreries. Il m'a quitté, dimanche soir, ce cher condisciple. Oh ! que je regrette bien de lui avoir donné de petits coups, quelquefois. Mais, je pense, qu'à présent, Dieu l'a placé près de la Sainte Vierge et qu'il est un petit ange. »

« Marcel, ajoute le surveillant, écrivait très souvent à sa famille. Un jour, comme il m'apportait sa lettre, je remarquai la feuille avec chiffre, et je lui dis machinalement : Oh ! le joli papier !

« — C'est maman qui me l'a donné — répondit-il en souriant.

« Et, à l'étude suivante, il monte à ma chaire avec deux feuilles de papier et deux enveloppes.

« — Père, me dit-il, voici du papier à lettre que vous trouvez si joli. Permettez-moi de vous l'offrir ; si vous le voulez, je dirai à maman de vous en faire venir de Paris.

« Touché de cette délicatesse, j'acceptai en le remerciant. Naturellement, je ne me suis pas servi du joli papier, mais, je suis tout heureux de l'avoir conservé, et je le garde comme souvenir de ce bon petit cœur. »

Généreux et bon envers les étrangers, on juge s'il l'était à l'égard des siens. Un peu gâté par la sollicitude de sa famille, Marcel ne fut pas, comme d'ordinaire les enfants gâtés, un égoïste. La reconnaissance allait de pair.

« Je vous remercie, chère petite mère, d'avoir pensé à moi, en m'envoyant la montre, le chocolat et les mitaines. Je ne méritais pas tant. Moi aussi, pour vous prouver ma gratitude, je vais me mettre avec beaucoup plus d'ardeur au travail ; je crois que c'est ce qui vous fera le plus de plaisir. »

Dans ses lettres, à chaque attention maternelle, c'est la même explosion de remerciements.

L'enfance ressemble à une fleur. Pour s'épanouir, il lui suffit de vivre, entourée de soins, sans regarder au prix qu'ils coûtent. On songe si peu aux sacrifices des parents ! Marcel, cœur délicat, ne les oublia jamais. Cette pensée mûrit sa jeune raison. Très souvent, il exprime le désir de soulager son père, un jour. En attendant, travailler ferme et redoubler de tendresse, c'est sa manière à lui de prouver sa reconnaissance.

« Comment va papa, chère maman ? Dites-lui de ne pas se fatiguer ; car, je comprends bien la peine qu'il se donne pour gagner un peu d'argent, et je vais, dès aujourd'hui, me mettre sérieusement à l'étude, pour devenir un homme, oui, un homme ! » Ce mot plein de promesses, charma la famille. Comment résister d'ailleurs à la caressante flatterie des illusions ? Une amie perspicace autant que bonne, Mme Delclaux, écrivait, le 3 décembre, à l'heureuse mère de Marcel :

« Je veux, au lendemain de la sortie du charmant Tivolien, vous dire la joie que j'ai eue de l'avoir à moi, pour quelques heures, toujours trop courtes... Je tiens à vous assurer qu'il est aimable autant que gentil, et que nous nous plaisons à le répéter, M. Ruelle, mon mari et moi, regrettant ensemble de ne pas être ses seuls correspondants...

Soucieux de vous faire plaisir en tous points, il
s'est engagé à être aussi bon élève que bon fils.
Vous êtes d'heureux parents ; je ne puis me lasser
de vous le redire ! »

Et, à la date du 11 février, l'aimable dame ren-
chérissait encore :

« Je comptais garder Marcel pendant les fêtes du
Carnaval. Une soirée avait été organisée dont il devait être l'attraction. Votre décision a tout changé.
Je n'ai eu le cher Tivolien que vers 5 heures et
demie, juste le temps de le faire dîner à la hâte...
Si vous aviez été là, vous auriez commis un péché
d'orgueil, en entendant les éloges qui se croisaient
sur votre Marcel, dont le visage ouvert, intelligent,
dont les manières distinguées et réservées ont
charmé tous les invités... »

Ainsi, la frêle tige grandissait, toute fleurie
d'espérances pour l'avenir. Dieu va la briser, ou
mieux, la transplanter en son Paradis.

TIVOLI

MALADIE

XIII

Marcel n'avait qu'une faible santé. A Sarlat, pendant ses deux années de collège, il se traînait, miné sourdement par des souffrances dont nous avons retrouvé l'écho dans ses lettres. Au contraire, le séjour à Tivoli sembla d'abord lui être favorable.

« Je dors bien, je mange bien, je vais très-bien, » c'est la formule invariable. Trois mois entiers s'écoulent dans cet heureux état.

« Depuis mon arrivée, je ne suis allé à l'infirmerie qu'une seule fois, pour un léger mal de tête. »

Et comme la vigueur amène la gaieté :

« Je suis très-content, dit-il ; que le temps passe vite ! Voilà déjà deux mois que je n'ai vu personne.

Je ne peux pas me figurer cela, il me semble qu'il n'y a que quinze jours que je suis ici. Je ne passe plus, comme à Sarlat, des récréations et des études à pleurer. Je ne m'ennuie pas du tout, du tout. »

Mais, au printemps, au lieu de reprendre une sève nouvelle et de refleurir avec la nature, Marcel commence à s'étioler.

« Je ne vous ai pas écrit hier, chère maman, parce que j'ai été un peu fatigué. L'oncle Eugène est venu me voir, hier soir, et vers la fin de la récréation, il a fait appeler le Père Recteur. Il lui a dit que j'étais un peu souffrant, le priant de vouloir bien me faire aller à l'infirmerie, où j'ai été très bien soigné par le Frère Infirmier. J'avais des douleurs aux genoux et à la poitrine. On y a mis de la teinture d'iode ; cela m'a fait beaucoup de bien, et je suis presque guéri. »

Non, il ne l'était pas, le pauvre enfant, et il le savait bien. Seulement, sa tendresse ne voulait pas trop tôt alarmer sa famille.

La veille, il avait dit à un de ses condisciples : « O L..., je ne sais pas ce que j'ai dans les reins ; je souffre beaucoup. » Il essaya de lutter contre la fatigue, suivant les cours, partageant les exercices communs. Enfin, ses jambes ne pouvant plus le soutenir, tant l'épuisement était profond, il dut entrer à l'infirmerie. Qu'avait-il au juste ? Lui-même l'ignorait.

— Marcel, de quoi vous plaignez-vous ? — Je ne sais pas, mais tout mon corps me fait souffrir.

A leur marche progressive, torturant un à un les membres de ce frêle corps, on crut reconnaître des rhumatismes.

XIV

Marcel, au milieu des souffrances, resta, comme au temps de la santé, simple, doux et pieux.

« Bien des fois, écrit le surveillant de l'infirmerie, me tenant au chevet de son lit, j'admirais en silence son calme et sa tranquillité dans la douleur. Il me regardait de ses grands yeux brillants, où se reflétait encore quelque flamme de vie, éclairant un visage très pâle. Jamais une plainte. Délicat, il dissimulait son mal pour n'avoir pas à me demander quelques services. Afin de le distraire, je lui proposais une promenade dans le parc. Marcel, craignant de me déranger, refusait toujours. Souvent, c'était par fatigue. « Il m'est impossible d'accepter ; je suis trop faible. Mais, parfois, j'insistais, cherchant à piquer sa curiosité par des surprises que je lui ménageais. Alors Marcel acceptait pour me faire plaisir.

« Même docilité à l'égard de l'Infirmier ; tous les remèdes, pour répugnants qu'ils fussent, Marcel les prenait au gré du Frère, sans maussaderie ni mauvaise humeur. Jamais on ne lui vit de caprices, en cela bien différent des autres enfants toujours exigeants, mobiles et pleins d'impatience. Tout lui plaisait ; et les soins qu'on lui donnait provoquaient en Marcel une vive reconnaissance. Combien de fois l'ai-je entendu remercier avec effusion le Frère Infirmier, lui disant qu'il était trop bon !

« Huit jours après l'entrée de Marcel à l'infirmerie, son père vint le voir. Avant de repartir, il lui proposa de l'amener à Fumel. L'enfant refusa : il était bien soigné, rien ne lui manquait, tout le monde était rempli de bontés pour lui ; bref, il était très-content. En effet, en disant ces paroles, telles étaient sa vivacité et sa joie, que M. Escande, tout à fait rassuré, dit en souriant : « Puisqu'il est si heureux, je le laisse. Il est en bonnes mains, et je m'en vais tranquille. »

Marcel n'assistait plus aux classes et ne pouvait

plus partager les ébats de ses camarades. Alors, il
cherated dans la piété un refuge contre l'ennui des
longues journées à l'infirmerie. Le petit congré-
ganiste se retrouvait, fidèle à Dieu, malgré les
obstacles et des prétextes si faciles à invoquer
dans la maladie.

— Marcel, où allez-vous ?

— A la chapelle, pour la prière.

« C'était son habitude, dit le surveillant. Chaque
matin, après son lever, quelquefois cependant bien
retardé, il se rendait à la chapelle pour y accom-
plir ses pieux devoirs, et, s'il le pouvait, pour y
entendre la sainte messe. De lui-même, pendant la
journée, il faisait quelques visites à Jésus, ou bien,
tout seul, dans le recueillement du sanctuaire, il
récitait devant Notre-Dame son chapelet, dévotement. Le reste du temps s'écoulait au milieu d'in-
nocentes distractions ou en compagnie du Frère
Infirmier. Le soir, il aimait à faire avec lui une
lecture spirituelle, à parcourir ensemble quelques
pages d'une vie de saint. Les bonnes pensées re-
cueillies au cours de cette occupation embaumaient
sa jeune âme et provoquaient une expansion naïve
de piété. »

Il brodait sur sa lecture, sur mille autres sujets,
des causeries sans fin, un peu enfantines et char-

mantes de simplicité, un joyeux babil, quelque chose comme un gazouillis d'oiseau. Avec ses condisciples, accourus à l'envi pour le voir et lui abréger l'ennuyeuse durée du repos auquel on le condamnait, pas la moindre médisance, ni même une raillerie ; encore moins, ces légèretés de parole, funestes à l'innocence, et trop familières, hélas ! voire à des enfants. Marcel conserva toujours une bienheureuse ignorance en ces matières. C'est le témoignage de ses amis ; et, du reste, pour s'en convaincre, il suffisait de voir son regard limpide, où se reflétait la pureté de son âme.

Cependant, le petit malade dépérissait, tourmenté par des crises de plus en plus douloureuses.

« Ma chère maman, je me sens un peu plus fatigué ; je souffre toujours des reins et de tous les membres. On dirait quelque chose qui des pieds monte dans le dos et la poitrine. » En effet, quelque chose montait ; au moindre effort, Marcel était haletant. A peine pouvait-il se tenir debout. Une courte promenade brisait ses jambes affaiblies. Le docteur parla donc de revenir à Fumel. Mais, attaché de cœur à Tivoli, Marcel refuse cette fois encore : « Figurez-vous, petite mère, que le médecin voulait me renvoyer à Fumel. J'ai dit que je me plaisais ici ; il y a de jolis oiseaux à l'infirmerie ; dans le jardin, les feuilles et les fleurs commencent à pousser. Le Frère me soigne très-bien, et tout le monde est très-bon pour moi. Dailleurs, Pâques n'est pas loin. »

Sa résignation était charmante.

— Il faut demander à Dieu de vous guérir, Marcel.

Et lui, souriant :

— Oh ! ce que le bon Dieu voudra.

Du reste, la mort ne l'effrayait guère. Quand le hasard amenait l'entretien sur ce sujet un peu lugubre, Marcel, sans aucune émotion, même avec plaisir, suivait la causerie.

On lui demande, un jour :

— Marcel, s'il vous fallait mourir, que feriez-vous ?

Sans paraître le moins du monde troublé :

— Eh bien! dit-il, s'il faut que je meure bientôt, je mourrai content.

Pressentiment peut-être, car la mort était là.

SA MORT

XV

— Que je suis content de vous voir, tante Marie ! Comment va maman ?

Et Marcel, en disant ces mots, à la gare d'Agen, descend du train, lestement, le sourire aux lèvres, rayonnant de joie. Malgré ses répugnances, afin de hâter une guérison trop lente, il revenait à Fumel, et le mercredi 18 mars, M\ :sup[me] Monmayou — tante Marie — le recevait dans ses bras, au débarcadère. Elle entourait Marcel d'une affection toute mater- nelle. Sœur de M\ :sup[me] Escande, celle-ci malade, elle partagea son dévouement entre la mère et le fils. Tendresse d'ailleurs payée de retour.

— Tante Marie, lui avait dit parfois l'aimable

enfant, après petite mère et papa, c'est vous que j'aime le plus.

Après petite mère! En effet, les premières paroles du retour témoignent de ses préoccupations filiales :

— Comment va maman?

Et pendant les derniers jours de sa rapide existence, elles seront les seules.

Dans ses courses à travers la ville, il s'arrête aux étalages de magasin. Pour des jouets? Non.

— Tante Marie, que pourrai-je bien donner à maman ?

Justement, voici des fleurs, prémices du printemps ; Marcel achète des violettes, achète des primevères; il voudrait tout acheter.

— Maman sera si heureuse !

Et, sur ce thème fécond, il cause de ce babil toujours intéressant à écouter.

Sans oubli pourtant. Un Frère était venu de Tivoli pour l'accompagner. Marcel le comble de prévenances gracieuses. N'est-ce pas son tour après les soins reçus là-bas ?

— Mon Frère, vous verriez avec plaisir la cathédrale ?

Et le petit cicérone lui détaille de sa voix naïve les beautés du monument. Toutefois, il préfère sa chapelle de Tivoli. A ses yeux, rien de comparable.

— Quelle belle fête, demain, jour de saint Joseph ! Partout des tentures et des oriflammes. Comme les autels seront ornés ! J'aurais bien voulu y être !

— Mais vous reviendrez bientôt.

— Ah ! oui...; il faudra tenir prêt mon costume, vous savez, celui dont j'ai pris mesure et qu'on ne m'a pas rapporté. Gardez-le pour mon retour.

Hélas ! son retour !...

Vers une heure, arrivée à Libos, près de Fumel. M. Escande attendait, anxieux. L'enfant tomba dans les bras de son père. Mais en le serrant contre sa poitrine, celui-ci remarqua les traits décolorés du visage, et le cœur paternel se serra, étreint par l'angoisse d'un pressentiment.

— Mon Dieu, qu'il est pâle ! dit-il tout bas à Mme Monmayou ; mort, il ne le serait pas davantage !

Cette impression douloureuse ne put échapper à Marcel. Il songe à sa mère, si facile aux alarmes ; et pour déguiser cette pâleur indiscrète, il allume son regard d'une flamme de gaieté, sa causerie devient plus étourdissante d'entrain, il s'anime...

Mme Escande, sur un lit de martyre, souffrait

d'un mal acharné, depuis le 1ᵉʳ mars, le propre jour où Marcel entrait à l'infirmerie. Cette coïncidence, d'abord inaperçue, revint, plus tard, tristement, à l'esprit de la pauvre mère... Impatiente, elle guette l'arrivée de son « trésor »,... quand la chambre s'ouvre doucement :

— Bonjour, maman, dit une petite voix gentille, une voix bien connue.

Et, sur la pointe des pieds, Marcel s'avance jusqu'au chevet, tout près de sa mère qui l'embrasse éperdument. Puis, avec mille caresses, c'est un flot de paroles tendres :

— Comment allez-vous, petite mère !... soyez tranquille ; le plaisir de me voir va vous guérir... Nous allons nous guérir l'un par l'autre, n'est-ce pas, petite mère ?

— Comme tu es maigre, mon chéri !

— C'est la croissance ; maman, rassurez-vous. Les médecins ont dit que ma faiblesse durerait encore quelques années. Après quoi, je serai un homme.

Puis, entraîné par ses souvenirs, il conte les choses de Tivoli à Mᵐᵉ Escande, dont le regard un peu fiévreux dévore les traits de ce visage pâli, cherchant à lire la vérité. Marcel s'en aperçoit, et finement :

— Petite mère, dit-il, je commence à vous fatiguer, c'est mal ; je vais voir grand'mère.

On devine les longs baisers de l'aïeule. Mais le bon petit cœur de Marcel lui ménage une surprise.
— Grand'mère, vous avez été malade. Vous avez dû faire beaucoup de dépenses, tenez, voici ma bourse pour vous aider.

Il y avait bien deux francs.

Pendant ces trois jours, les derniers de sa vie, sa tendresse est débordante. Comme une lampe, avant de s'éteindre, jette, à courts intervalles, des lueurs plus vives, Marcel, près de s'envoler loin des siens, redouble d'affection. Chacun le retrouvait plus aimable et plus obéissant. On était ravi.

XVI

Le jeudi 19 mars, de bonne heure, un bruit insolite réveilla Marcel, comme un piétinement de pas
dans la chambre de sa mère. Il prêta une oreille
inquiète. Qu'était-ce donc ?... Un murmure dans
l'escalier, un chuchotement de prières étouffé ;
Mᵐᵉ Escande recevait le Viatique. D'elle-même,
voulant honorer saint Joseph en sa fête, elle l'a
demandé. Seulement, pour ne pas effrayer son fils,
elle a choisi cette heure matinale.

Marcel pourtant l'a su ; et, après son lever, il
gronde affectueusement sa mère.

— On vous a porté le bon Dieu, maman. Pourquoi ne pas m'avertir ?... Cela ne m'aurait causé

aucune peine ; je serais venu et j'aurais prié pour vous... Mais je me vengerai ; puisque je n'ai pu communier aujourd'hui, je le ferai, avec papa, au jour de Pâques.

Et il enveloppe sa mère de ses câlineries, tâchant à la distraire par de joyeux propos, fusées de tendresse et de gaieté.

Cependant Marcel toussait, une toux légère et sèche. Il mangeait peu.

— Si tu ne manges pas, nous le dirons à maman.

Cette menace, alarmante pour son cœur, triomphait de ses répugnances.

— Mais alors, tante Marie, vous direz à maman que j'ai mangé pour lui plaire.

La nuit, des cauchemars agitèrent son sommeil. Une bête, grande et noire, dans un coin de la petite chambre, le regarde avec des yeux terribles. Marcel, un peu hagard, respire péniblement. Il a peur... Au secours !... Puis, il n'a plus peur ; les traits se détendent, illuminés d'un sourire ; il pense à Tivoli, parle des beaux offices dans la chapelle somptueusement parée.

Enfin, l'aube dore le ciel, apportant le calme du repos. Marcel semble mieux. Sa figure moins pâle, la vivacité de ses beaux yeux noirs, une gaîté moins fébrile, tout ramène l'espoir au cœur de Mᵐᵉ Escande, charmée d'ailleurs par les attentions filiales de sa délicatesse. Ainsi, Marcel aimait à peindre. Pour tromper l'ennui de son oisiveté, il orne des plus vives couleurs une statuette de N.-D. de Verdelais. Le chef-d'œuvre terminé, il l'offre à sa mère, gentiment.

— J'ai pensé que cela vous ferait plaisir; prenez-la, maman. Vous la mettrez dans votre oratoire, et vous penserez à moi.

Mille baisers le payèrent de son cadeau. La statuette se trouve à l'oratoire ; elle y restera long-temps. Mᵐᵉ Escande a répété depuis : « Ce présent m'a touché beaucoup plus que ne pouvait l'imaginer mon chéri. C'est à N.-D. de Verdelais que j'ai dû, j'en suis sûre, sa naissance. Et il était dit que son dernier souvenir serait un souvenir de cette même Vierge, qui me l'a repris, hélas! après me l'avoir donné. »

Le soir, vers 5 heures, Mᵐᵉ Monmayou veillait au chevet de sa sœur, quand un domestique, sans troubler la malade, l'appelle discrètement.

— Vite, descendez ; Marcel est très souffrant.

« Affolée, je cours ; Marcel était à la cuisine, près du feu, grelottant.

« Qu'as-tu donc, mon enfant ?

« — Tante Marie, une fluxion de poitrine ; j'ai pris froid, je ne respire plus, je souffre de là... — et il indiquait le flanc avec les parties voisines.

« Après l'avoir rassuré, je fais chauffer quelques linges que j'applique sur sa poitrine. Au bout de quelques instants :

« — Cela me passe, dit-il.

« Ce n'était qu'une alerte. Marcel ne perdit pas son ordinaire amabilité. Au repas de famille, il charma tout le monde par un gai bavardage, où l'on retrouvait cependant les sollicitudes de sa tendresse.

« — Papa, ne vous fatiguez pas ; croyez-moi, vous travaillez trop.

« Puis, parlant de ses compositions à Tivoli, de ses projets de travail :

« — Papa, soyez tranquille ; tenez, après Pâques, je m'appliquerai, je vais me fendre en deux. »

La nuit fut mauvaise encore. Près de sa couchette, M. Escande veillait, malgré les efforts de Marcel pour l'éloigner.

— Tante Marie, disait-il, voyez papa : il veut se tenir près de moi. Pourtant il est malade ; priez-le de s'en aller ; vous resterez.

Mais le père aussi resta. Et les heures coulèrent lentes, lentes, au bruit d'une respiration de plus en plus oppressée, parmi des paroles sans suite, dans un délire de rêve.

XVII

Samedi matin. — Forcé de s'avouer à lui-même ses inquiétudes, alarmé par tant de symptômes, M. Escande a mandé deux docteurs, amis de la famille l'un et l'autre. Consultation faite, Marcel est atteint d'une entocardite ou inflammation de la membrane du cœur. Aussitôt, à mal sérieux, remède énergique. Un vésicatoire est posé sur la poitrine de l'enfant, cruelle torture à ce corps si sensible. Mais sans terreur, doux et résigné, Marcel s'abandonne.

Cependant, la visite des médecins avait ému Mme Escande. Tremblante, elle réclame la présence de son fils. Le pauvre petit, tiraillé par le vésicatoire, endurait des douleurs aiguës. Mais, roide contre le mal, il tend les muscles de son visage pour n'en rien laisser voir.

— Tu souffres, chéri, lui dit sa mère.

— Cela pique un peu, répond Marcel.

Puis, la bouche contractée par l'effort d'un sourire :

— Demain, je serai guéri.

En attendant, debout entre son père et sa tante, pour respirer plus aisément, il dévore les larmes que lui arrache la souffrance, uniquement occupé de sa mère.

— Tante Marie, voyez maman : elle pleure. Petite mère, ne pleurez pas, je vais guérir.

— Mon enfant, supplie N.-D. de Lourdes qu'elle daigne te soulager.

— Oui, maman.

Et Marcel ôte sa casquette, et joignant ses petites mains, à genoux :

— Notre-Dame de Lourdes, priez pour moi. Bon petit Jésus, je souffre ; guérissez-moi vite pour consoler maman.

La journée fut douloureuse : Marcel avait la gorge en feu; rien ne calmait les ardeurs de la fièvre. Le soir, pour forcer un sommeil, rebelle depuis trois jours, le docteur ordonne une potion assoupissante. De son côté, Mme Escande, n'espérant plus qu'au ciel, dit à sa sœur :

— Porte-lui de l'eau de Lourdes ; qu'il en boive avec confiance.

Marcel obéit.

— Dites à maman que j'en ai bu pour lui faire plaisir... seulement, fermez la porte afin qu'elle ne m'entende pas tousser.

Vers 10 heures, une sorte de râle commence. Le docteur [1] était là.

— Marcel, dit-il, respire comme il faut !

— Mais, docteur, je le fais ; c'est ma gorge qui siffle.

— As-tu bu la potion ?

— Oui.

Et clignant les yeux d'un petit air malin :

— Pas fameuse votre potion.

Le docteur sourit, et, rassuré, se retire. M. Escande le suit. Au milieu de tant d'angoisses, dans son cœur luit un rayon d'espoir, oh ! bien pâle.

[1] Le docteur Austruy dont la science et le dévouement disputèrent à la mort la chère vie de Marcel.

Marcel essaie de dormir ; peine perdue. Je ne sais quelles craintes troublent son âme :

— Tante Marie, le docteur a bien dit que je n'étais pas gravement malade. Mais, ne me quittez pas ; j'ai peur.

Sa tante, alors, le caresse et lui tient les mains. Il clôt les yeux, sommeille un instant... et soudain s'anime. Il rêve de Tivoli ; il est en classe.

— Oh ! monsieur, assez de devoir pour aujourd'hui.

Sur ses lèvres passent les noms de ses condisciples. Tout à coup le visage se colore, Marcel a un geste indigné.

— Non, je ne veux pas m'amuser avec toi ; tu n'es qu'un polisson.

Bientôt, les traits s'apaisent ; il sourit tristement :

— Pas moi, aujourd'hui ; je suis trop malade pour servir la messe ; — plus tard.

Vers minuit, le délire cesse ; mais la sueur inonde le visage de Marcel. Anxieuse, Mme Monmayou interroge son regard plus brillant. Elle soutient le petit corps dans ses bras, et l'enfant laisse retomber la tête sur l'épaule de sa tante. Au contact de sa figure, Mme Monmayou ne peut retenir un cri. La figure était très-froide. Elle veut

appeler M. Escande, éperdue ; mais une voix faible, coupée par l'oppression, l'arrête :

— Qu'on aille chercher M. le Curé... non pas
pour moi... je n'en ai pas besoin... mais pour
consoler maman.

Il pâlissait à vue ; tante Marie se précipite hors
de la chambre. A son retour, Marcel avait les yeux
au ciel, largement ouverts, mais doux et souriants.
Que voyait-il ?... Son front s'illumine comme
transfiguré par une lumière lointaine, une lumière
d'au-delà. Puis, de lui-même, il abaisse et tient ses
yeux demi-clos.

— Il dort, pensa la tante.

En effet...

Marcel était mort.

XVIII

Au même instant, le père entrait ; — trop tard. Au navrement de Mme Monmayou, il comprit. Ses yeux allèrent à la petite forme blanche, immobile sur le lit, et, dans son regard, tout le désespoir de son cœur passa. Des larmes montèrent à sa paupière, mais elles ne tombèrent pas. En silence, il s'approche, et, secoué par les sanglots, longuement, il baise le front de son fils...

Sur ces entrefaites, le docteur arrive ; trop tard lui aussi, malgré la hâte de son dévouement. Il saisit la main de l'enfant : plus de pouls ; — il appuie l'oreille contre sa poitrine : le cœur avait cessé de battre.

— Une syncope l'a emporté, prononce-t-il tout bas.

Enfin, M. le Curé, non pour Marcel — la mort l'avait devancé — mais, selon le désir de l'enfant, pour consoler sa mère.

Pauvre mère! tout à l'heure, le cri de Mme Monmayou avait retenti sinistrement dans le silence de la nuit. Mme Escande tressaille. Elle appelle sa sœur :

— Qu'y a-t-il, mon Dieu !

— Presque rien : Marcel évanoui.

— Donne-moi la statuette de Notre-Dame de Lourdes.

Et dans l'affolement de sa tendresse, elle prie :

— Notre-Dame de Lourdes, oh ! laissez-moi mon fils, mon fils...

Pour calmer cette angoisse, Mme Austruy, une amie, assise toute la nuit à son chevet, essaie quelques mots d'espoir, n'osant insinuer la redoutable vérité.

Enfin, le docteur, chargé de cette mission délicate, pénètre dans la chambre ; doucement, il prend les mains de la malade :

— Dieu vous demande un grand sacrifice, Madame.

— Docteur, que dites-vous là ? reprend-elle égarée ; non, ce n'est pas possible... Dieu serait trop cruel... Il n'est pas mort, n'est-ce pas ?

Le docteur eut un regard chargé de compassion. Alors, certaine de son malheur, la malheureuse mère éclate en larmes, en paroles entrecoupées... Marcel... mon enfant... si jeune... si aimable !...

Aimable, il l'était même dans la mort. En le cueillant, la cruelle du moins ne l'a pas froissé. Les yeux mi-clos comme en rêve, la lèvre entr'ouverte pour respirer ou sourire, tout le visage exprime une douceur indéfinissable dans la blancheur du teint. Parmi les fleurs et les violettes dont sa couche est jonchée, Marcel est beau à voir. Leurs tons s'harmonisent si bien à la couleur de ses traits, qu'il semble l'une d'elles, une de ces violettes qu'il aimait tant. Au reste, n'avait-il pas vécu comme elles, sans attirer les regards, à l'ombre du foyer ou du collège, bien simple, et pourtant suave ?... Aussi, les visiteurs viennent-ils nombreux, foule incessamment renouvelée, apportant ses sympathies à la famille en deuil. Tous, même les enfants, s'approchent sans crainte, et baisent le front pur de Marcel.

Elle-même, Mme Escande voulut le voir.

— Je serai forte, disait-elle, mais on ne peut me refuser de contempler mon fils une dernière fois.

On céda ; et ce fut une scène déchirante entre toutes. Affaissée dans sa douleur, plus pâle que le mort, on la porte près du lit funèbre. Il y a treize ans, Marcel était né, à la même place ; — jadis, un berceau ; maintenant une tombe ; — et elle couvre de baisers le corps de son enfant, baisers passionnés, bien capables de le réchauffer, si la mort n'était pas impitoyable.

XIX

Lᴇ lendemain, lundi, jour des funérailles. Les amis, les parents reviennent plus empressés que la veille, dans cette petite chambre sombre, éclairée seulement de cierges qui piquent l'obscurité de petites taches jaunes, près du lit où Marcel dort entre les rideaux blancs.

Bientôt, M. Escande se lève ; prenant le corps de son fils, il l'embrasse une dernière fois, éperdument, au milieu des sanglots ; et lui-même, magnanime de courage, il couvre du linceul cette tête chérie, dépose l'enfant dans la bière satinée, où il enferme son cœur et ses espérances avec lui... Puis, Marcel quitte cette maison, si souvent égayée de ses ébats. Aujourd'hui, elle est triste de son départ, et frissonne toute aux notes lugubres du chant, comme émue dans un dernier adieu.

Au dehors, il neige. Pour fêter cette innocence en route vers le ciel, la terre s'est parée de blancheur.

Le cortège ondule entre les maisons, recueilli, en larmes. Au seuil des portes, les habitants regardent, touchés d'une pitié profonde, ce frêle cercueil, sous un voile blanc, caché par des fleurs. Tout près, un enfant porte la couronne des élèves de Tivoli, témoignage d'affection à leur condisciple — et derrière, au milieu des proches, le père, ferme dans sa douleur, suit le corps de son fils.

Puis, le Recteur de Tivoli entre M. le curé de Fumel et M. le chanoine de Bercegol. Celui-ci, ami vénérable de la famille, avait baptisé l'enfant, jadis. Quand il ouvrait cette jeune âme à la vie, il ne pensait pas qu'un jour, hélas ! bien rapproché, il accompagnerait le cortège de sa mort.

Enfin, la foule des amis, en flots pressés, tout le pays venu par sympathie.

Après l'office, le cortège reprit sa marche et monta vers le cimetière dans la campagne blanche. — Près du caveau, avant de lui abandonner Marcel, après les suprêmes bénédictions de l'Eglise, le Père Recteur, au nom de Tivoli, adresse quelques paroles d'adieu[1], accueillies par les larmes des assistants. Et le pauvre petit corps descendit dans la tombe. M. Escande s'approcha ; et jetant un long, un dernier regard sur ces restes près de disparaître, il lança un peu de terre qui retomba sur le cercueil avec un bruit sourd...

C'était la fin, ici-bas, et la naissance en Paradis !

E. D.

[1] Voir appendice. Note B.

APPENDICE

NOTE A

LE PETIT MÉDECIN[1]

A Madame H. Escande.

« Où donc est ma petite mère ?...
— Disait Bébé d'un air chagrin.
Je veux aller la chercher, père !
Viens vite, viens prendre le train.

« Nous la trouverons bien, sans doute,
Quelque part ; et je lui dirai :
« Reviens, je serai sage en route,
« Bien sage... » et je l'embrasserai.

« Puis je lui dirai ma prière,
Celle que je fais tous les soirs,
Avant qu'on souffle la lumière
Et que mes rideaux soient tout noirs.

[1] Voir page 10, la note.

« Je lui dirai : « Mère mignonne,
« Viens faire dodo près de moi !
« Viens, et si grand'mère me donne
« Des bonbons, ils seront pour toi. »

« Je lui dirai... » Puis, sur la table
Bébé s'accoude soucieux ;
Et, tout à coup, d'un air capable,
Avec un éclair dans les yeux :

« Maman est malade peut-être,
— Dit-il, nourrissant un dessein.
Qu'on me la rende ! je veux être,
A moi tout seul, son médecin. »

NOTE B

Discours du R. P. de Saune,
recteur de Tivoli,
sur la tombe de Marcel

Je vous dis adieu, mon cher enfant, au nom de vos maîtres et de vos condisciples de Tivoli. A peine étiez-vous entré dans notre maison, et déjà l'on vous aimait. Vos maîtres aimaient votre piété, votre docilité, votre bon esprit. Après quelques semaines d'épreuve, on vous avait admis dans le bataillon d'élite des congréganistes de la Sainte Vierge, et, visiblement, vous vous efforciez d'être chaque jour plus digne de cette faveur. Votre docilité vous méritait, chaque mois, le témoignage qu'on donne aux bons élèves. Votre excellent esprit se pliait à tout. Content de tout, on vous distinguait à cet aimable sourire, où se lisait si bien la candeur de votre âme.

Vos camarades appréciaient un caractère gai,

complaisant, tout à tous. On vous aimait à Tivoli. Aussi, votre mort si rapide nous a frappés douloureusement. Pouvions-nous l'attendre, quand, il y a huit jours à peine, vous nous quittiez pour prendre, un peu avant les autres, le repos nécessaire ? Tranquillisés sur votre état, nous espérions vous revoir plein de santé, joyeux, reprenant votre place dans les rangs de la famille.

Hélas ! nous avons été déçus.

Et peut-être pressentiez-vous cette fin prochaine. Bien différent de tant d'écoliers, pressés d'échapper au collège, vous nous quittiez à regret. Ah ! si l'on vous aimait à Tivoli, de votre côté, vous aimiez Tivoli. Votre cœur, sensible à notre affection, y répondait largement. C'est pourquoi, notre séparation n'est pas réelle ; vous êtes toujours des nôtres. Ange parmi les Anges de là-haut, vous prierez pour vos frères de Tivoli, pour les maîtres dont vous restez l'enfant.

Nous voudrions bien, nous chargeant de vos intérêts les plus chers, consoler les dignes parents que vous laissez ; mais quelles consolations à une pareille douleur ? Soyez vous-même leur consolateur. Versez en leur âme un peu du bonheur dont vous jouissez là-haut. Les premiers, ils vous ont fait ce que vous êtes ; la reconnaissance demeure pour vous un devoir par delà la tombe ; ne les oubliez pas.

Adieu, cher petit Marcel.

Du ciel, soyez l'ange de vos parents désolés, l'ange des nombreux amis pressés à cette heure autour de votre dépouille mortelle, l'ange de vos maîtres et de vos camarades de Tivoli ; l'ange de ce collège qui, volontiers, vous aurait gardé longtemps encore, si le ciel ne vous eût réclamé.

Adieu, cher enfant, pour la dernière fois, et que vos prières nous obtiennent de vous rejoindre un jour.

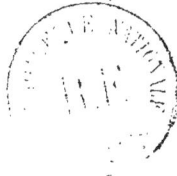

TABLE DES MATIÈRES

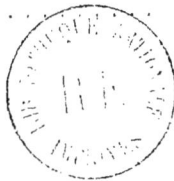

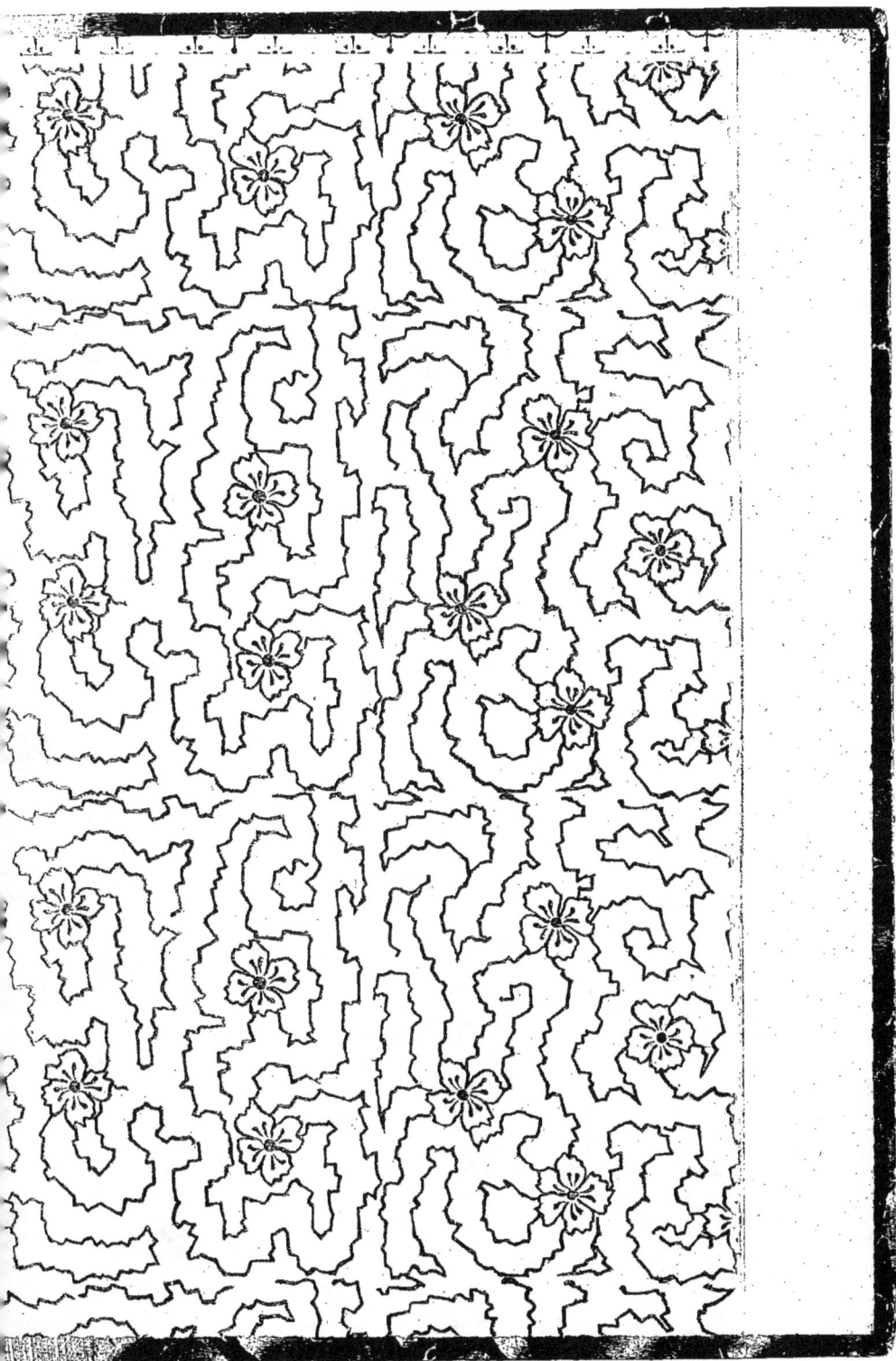

www.ingramcontent.com/pod-product-compliance
Lightning Source LLC
Chambersburg PA
CBHW060603100426
42744CB00008B/1291